Spektakel auf dem Land

Lustige, manchmal ein wenig traurige, auch nachdenkliche Reim-Geschichte in fünf Kapiteln, für alle kleinen und grossen Leser

AF287194

Herstellung und Verlag:
Books on Demand GmbH, Norderstedt

ISBN-Nr.: 978-3-8423-2747-4

Dieses Buch gehört

....

Spektakel auf dem Land

Lustige, manchmal ein wenig traurige, auch nachdenkliche Reim-Geschichte in fünf Kapiteln, für alle kleinen und großen Leser

Speziell für: Andrè Mark Manfred; Lotte, Brigitte, Heini; Alice + Willi

und all die anderen Kinder und jung gebliebenen Leser dieser Welt

von Regina Stierli-Schöll
Illustrationen von Naomi Ofeibia Antrie

Spektakel auf dem Land

Teil I -
Gockel Fabian beim Bauer Caduff

Erst mal Hallo
ihr Kleinen und ihr Grossen Leute

der Gockel Fabian
begrüßt Euch heute!
Hat ein buntes Federkleid, das in
der Sonne goldig scheint.

Sagt Euch mit einem Krähen:
Servus, Grüss Gott, ja Grüezi
mitenand, nicht nur im Schweizer
Land.

1

War einst ein Hahn,
der hörte auf den Namen **Fabian**.

Fabian war klug und stark,
und wurde beneidet - weit und breit.

Sein Federkleid war bunt und schön,
ganz fantastisch anzusehen.
Gesprenkelt und gefunkelt
und auch ein wenig gepunktet.

2

Bauer Franz Caduffs ganzer Stolz:

Fabian, der Appenzeller Barthahn,

stolziert im Hof mit seinem Gefolge.

Zehn Hennen, die rennen,

ganz wild durcheinander.

Bauer Caduff war sehr froh,

um den goldhalsigen Appenzeller.

Fabian, der weckt ihn früh um Fünf,

mit einem lauten Kikeriki.

Somit braucht er nie einen Wecker; denn er

hat ja auch keinen Strom für den Stecker.

So steht er auf und wäscht sich geschwind,

beim Brunnentrog dort, gerade beim Haus.

Das Wasser ist kalt, so richtig kalt.

Es fließt aus der nahen Quelle heran,

doch es erfrischt den Franz so sehr. Halt,

noch schnell die Zähne geputzt.

Nun das Hemd an und

in die Hose geschlüpft.

Die Stalljacke darüber,

das ist doch kein Graus, „Eiderdaus".

Bevor Franz nun in den Stall geht,

schnell noch ein kurzes Gebet!

Für das tägliche Brot,

das draußen wächst und gedeiht.

Die Kühe, Schweine, Schafe und Ziegen

sie warten schon auf den Bauern, den Franz.

Ein Muhen, Grunzen, Geblöke und Meckern,

und ein Raunen beginnt im Stall.

Wenn dann das Tor aufgeht,

die Schritte ertönen,

ist endlich Ruhe im Stall, denn:

Franz Caduff ist plötzlich überall!

Die Nacht ist vorbei.
Der Tag bricht an
und die Sonne zeigt
ihren ersten Strahl.

Die Tiere bereits versorgt nun sind,
und auf die Wiesen
springen geschwind —
die Kühe, Schafe und auch die Ziegen.

Sie tollen herum so den ganzen Tag
und fressen und naschen vergnügt.
Das Gras ist dann kurz, die Wiese ist leer, ja
es sieht fast aus, gerade wie mit der Sense
gemäht.

Frische Gräser,
Kräuter auf den Weiden,
vertreiben die Sorgen von heut
und auch die von morgen und übermorgen.

Die Schweine haben
ihr eigenes Revier,
Bauer Franz sorgt
schon dafür.

Der Barthahn Fabian kräht munter dazu,
die Hennen sind glücklich und fressen im Nu
was Bauer Caduff früh aufgetischt,
bevor er selber sein Frühstück genießt.

Frischmilch mit Honig,

sein tägliches Brot,

genießt er erst kurz vor Sieben,

wenn alles Getier rundum versorgt

2 Stunden Arbeit bereits hinter Franz liegen
und nach seiner kurzen Frühstückspause,
er bereits zum Feld eilt,
und fleißig beginnt - sein Tagwerk.

Zum Säen, Hacken oder zum Ernten
die Früchte des Feldes.
Später auf unseren Tellern sie finden,
dann sollten wir auch daran denken,
wie oft der Bauer sich hat gebückt.

Der Tag noch lange nicht zu Ende ist.
Es wird geputzt und geflickt,
danach noch schnell den Hof gefegt
und den Stall ausgemistet.

🐓🐓🐓🐓🐓🐓🐓🐓🐓🐓🐓🐓🐓🐓🐓🐓

Wenn am Abend die Tiere wieder versorgt,

die Kühe, die Ziegen gemolken.

Die Hühnereier gewaschen und sortiert,

dann ist der Franz redlich geschafft.

Aber bei Caduff ist noch lange nicht Schluss!

Bauer Franz muss noch viel erledigen.

Er kann noch lange nicht zu Bett,

denn die Büroarbeit wartet.

10

Das ist der Ablauf jeden Tag, Montag bis
Freitag - einmal mehr, einmal weniger -.
Samstag + Sonntag hat Franz aber auch
nicht frei und auch an keinem Feiertag!

Bauer Franz hat noch immer keine Frau.
Denn im Vertrauen, diese Arbeit scheuen,
nicht nur die Frauen aus der Stadt,
nein, auch die vom Land, reih um und reih ab.

Bauer Caduff darf also nie krank werden,
sonst geht es seinen Tieren schlecht.
Vor lauter Verdruss gäbe es
Vielleicht gar - gar nichts mehr.

Fabian, der Appenzeller würde Franz nicht
mehr wecken früh um Fünf.
Keine Eier gäbe es mehr
von den flatternden Hennen.

Keine Milch mehr von den Ziegen,
und auch keinen Rahm mehr
von der Kuh,
traurig wäre es im Nu.

Kein grunzen, raunzen
und raunen mehr im Stall,
das wäre vollkommen bitter
und fürchterlich.

Deshalb bleibt Bauer Franz lieber fit
und hat das, was er zum Leben braucht.
Die Tiere geben ihm so viel,
Kraft, Rhythmus und auch Disziplin.

Bauer Franz Caduff hat jeden Tag
ein frisches Ei, des Sonntags auch mal zwei.
Wenn er will aber auch drei
und sonst noch Allerlei.

Käse im Keller vom letzten Jahr.
Brot backt er sich sonntags, zwei sogar.
Das reicht ihm locker die ganze Woche
ist gut, schmeckt lecker und famos.

13

Den Honig bekommt er von den Bienen,
die Eier von seinen Hühnern.
Das Krähen und Wecken bekommt er ja
gratis, vom Gockelhahn – dem Fabian.

Die Milch bekommt er von den Ziegen,
auch von den Kühen gibt es Milch.
Die machen also nicht nur Muh und Meckern,
sie spendieren Ziger und Käse noch dazu.

Auch für Joghurt und Quark
wird die Milch noch genutzt,
und auch für das grosse Butterfass, selbst für
alle Schleckermäuler ist noch Rahm dabei.

14

Ganz schmackhaft und würzig
ist dann der Käse,
und ein Gedicht - in Dur und Moll -
ist wohl Fondue und Raclette in der Pfann!

Wolle für den Winter
geben die Schafe.
Davon stricken fleißige Hände
Mützen, Decken, Pullover und Schal.

Die Federn nimmt der Franz für feine Kissen.
Vom Gockel Fabian die besonders Bunten,
schmücken den Hut, nicht nur vom Franz,
sondern auch noch den, vom Nachbarn
Hans.

15

🥖🥖🥖🥖🥖🥖🥖🥖🥖🥖🥖🥖🥖🥖

Hans Grauchli vom Hof gegenüber

hat auch viele Tiere im Stall,

aber keinen so schönen Gockelhahn,

wie Franz'ens goldbunter Appenzeller Fabian.

Sein Hahn Friedhelm Leghorn,

kurz der Rivale genannt,

schneeweiß und krächzend,

ganz ohne Verstand?

🥖🥖🥖🥖🥖🥖🥖🥖🥖🥖🥖🥖🥖🥖

16

Bauer Caduff's ganzer Stolz,

Fabian der Gockel

kräht dort nebenan auf dem Mist,

weil es heut so schön doch ist.

Friedhelm, der Rivale, erbost herüberschaut.

Krächzt und krächzt fast immerzu,

meist ganz ohne Zwischenruhe.

Selbst das Atmen fällt ihm oft zu schwer.

Dagegen freut sich Fabian,
der goldne Appenzeller Gockelhahn,

und kräht aus voller Kehle
Kikeriki-Kikeriki.

Während des Tages kräht er,
wenn Fremde betreten den Hof.
Und auch des Nachts ist er
der beste Wächter.

Kikeriki

Kikerkeriki

19

Teil II -

Bauer Caduff's Gockel Fabian ist krank. Hat er die Vogelgrippe?

20

Wo ist Gockel Fabian - fragt Huhn Resi -
allemal!

Fabian, der goldne Appenzeller Gockel,

kräht genüsslich, früh um Fünf bereits.

Weckt nicht nur den Bauern Franz Caduff,

sondern auch Hans Grauchli springt aus den

Federn ganz bestimmt und recht geschwind.

Grauchli's Hahn Friedhelm der Schneeweiße,

jedoch mit krächzendem Ton, weckt gleich

hinterher mit lautem Kikeriki, dass auch

Jedermann weiß, jetzt ist es höchste Zeit.

Franz Caduff und Hans Grauchli, die beiden,

haben jeder einen eigenen Bauernhof.

Sie wohnen sich gleich gegenüber

und achten ihre Nachbarschaft sehr.

Beide haben grüne Wiesen,
darauf jeder eine Anzahl Tier.
Weite Felder, kleine Wälder,
und Heu für den Winter.

Viel Arbeit gibt es auf dem Hof,
ob bei Caduff, bei Grauchli.
Einen Knecht können sie sich nicht leisten,
dafür ist ihre Landwirtschaft zu klein.

Eines Tags, zu später Stund,
Bauer Franz Caduff horcht auf.
Er erschrickt, und denkt:
Franz, pass auf, hier stimmt etwas nicht!

23

Friedhelm Leghorn,

der Gockel von nebenan

krächzt, kreischt, ja er schreit

herzzerreißend!

Was ist nur los, im Hühnerstall?

Franz überlegt und denkt: Ein Fuchs vielleicht.

Na, der Hans wird das schon richten.

Ich bin jetzt müde und muss schlafen!

Doch am nächsten Morgen ist es so still.

Franz und Hans werden nicht geweckt!

Die Sonne schon am Himmel steht, als Franz

erwacht, nach einem schlechten Traum.

Franz Caduff springt auf,
und zieht sich an, ganz geschwind!
Sein erster Gang, zum Hühnerstall heut.
Zehn Hühner hocken geknickt auf der Stang.

Hahn Fabian liegt drunten im Stroh,
nicht mehr goldig sein Farbenkleid,
sondern ausgesprochen —
kreidebleich —.

Franz ruft sofort, der Tierarzt muss her!
Dr. Stanislaus Moggel kommt eilig daher,
fast wie der frische Alpenwind,
ob Tierärzte alle so sind?

Tierarzt Dr. Stanislaus Moggel spricht:

"Das ist H5 N1 - die Vogelgripp"!

Bauer Franz Caduff schaut wie verstört,

das kann doch einfach nicht sein!

Dr. Moggel meint: "Es tut mir leid,

es ist nun mal so.

Ich muss dies gleich melden, in die Stadt".

Steht auf und will verlassen den Hof.

Bauer Franz sagt: "Untersuchen sie doch erst

einmal den Hahn Fabian,

und meine Hühner doch auch,

bevor sie es melden werter Herr Dr. Moggel".

Dr. Moggel jedoch,

kennt keine Gnad

und prahlt: "Ich hab ihn entdeckt,

den gefährlichen Virus von der Vogelgrippe".

Das Laborergebnis ist

noch nicht da,

doch er gibt schon die Auskunft

"Unheilbar".

Franz spricht: "Fabian, mein stolzer Hahn,

ich sehe dich heut zum letzten Mal.

Deine letzte Stunde heute hat geschlagen.

Keine Hennen mehr und auch kein Ei.

Und morgen vielleicht keinen Stall mehr.

Was wird nur aus mir"?

Das Unglück kam über Nacht.

Von wo und woher, weiß nur einer allein.

Und was ist mit Hans Grauchli,

mein Nachbar von nebenan,

denkt Franz voll Verzweiflung?

Was ist mit Friedhelm dem Weißen?

28

Franz Caduff sagt: "Schnell muss ich ihm
melden, das Missgeschick!"
Doch Hans, der weiß es längst,
er konnte ja auch kaum schlafen.

Eine innere Stimme hört er plötzlich sagen:
"Franz Caduff wach endlich auf,
und kümmere dich um all deine Tiere.
Denk nicht zu viel, sonst verzagst du hier!"

Der Tag schon fast
zur Neige geht
und nichts ist getan
von früh bis spät.

29

Franz schaut traurig zu Fabian unten im Stroh.
Einen Schluck seines eigenen Hustensaftes
gibt er ihm noch schnell und meint:
„Fabian das heilt, ganz sicher und bestimmt."

Plötzlich am späten Nachmittag
klingelt das mobile Telefon.
Die Polizei, am Apparat, und
hinterher gleich noch, die Feuerwehr.

Kurz danach, man glaubt es kaum,

sie schon schnell, mit viel Tra-ra

und Ta-tü und Ta-ta, und

ganz rasant, angefahren kommen.

Sperren ab den Hof, mit rot-weiß gestreiften

Bändern, das auch Jedermann weiß:

Hier darf keiner mehr hinein und keiner mehr

heraus — aus die Maus!

Die Bänder gehen weit, so weit das Auge

kaum reicht.

Verriegelt ist nun der Hof von Caduff,

und auch Grauchli's Hof sogar,

dass ist doch Jedem sonnenklar.

31

Franz Caduff rauft sich seine Haare,
und Hans Grauchli der schimpft,
so laut und so heftig,
wie ein Rohrspatz im Wind.

Es soll ihn auch Jedermann hören,
das ist ihm ganz gleich.
Es ist ein Verdruss, das weiß ja ganz
bestimmt, auch jedes Kind.

Und wieder pfeift das Handy mit schrillem Ton
Radio- und Fernsehstationen,
von Nah und Fern,
welch ein Hohn!

32

„Oh mein Gott" meint Franz und weint,
zum ersten Mal. Hans sagt: „Ach wie nett,
wir kommen ins Fernsehen und werden Stars
— und dies alles nur wegen Herrn Doktor
Stanislaus Moggel!"

Vor dem abgesperrten Zaun stehen dann
Polizei und Feuerwehr.
Sie bewachen nicht nur den Hof,
nein, das ganze Gelände.

Doch einen Tag später,
welch ein Graus,
dichte Menschenmassen belagern
und blockieren das Haus – am Zaun.

Die Leute mit Kameras stehen

in vorderster Reih,

unangemeldet, das ist doch klar,

um zu erhaschen ein Bild, wie sonderbar.

Fernsehteams berichten live und

am Abend schon, ganz exklusiv.

Die Zeitschriften drucken am gleichen Tag

und alle berichten sehr aktuell:

Spektakel auf dem Land.

Die Bilder, sie zeigen einen Mann,

den Kopf nach vorne geneigt.

Gebeugt, geschlagen, erniedrigt,

ja gedemütigt sogar.

Einen Hof, gegenüber ein zweiter.

Doch mehr sieht man nicht.

Gesagt wird nur eins: **Betreten verboten —**

Achtung: höchste Gefahr!

Am dritten Tag,

gleich in der Früh

klingelt schon wieder das Telefon.

Franz nimmt ab, fast schon genervt.

Doch was er hört, am anderen End
verschlägt ihm fast die Sprache.
Eine feine, klare Stimme, die sagt:
„Aus Tirol ruf ich an, Herr Franz Caduff!

Priska Fritzen mein Name ist.
Dein Schicksal,
von dem ich gestern sah,
es lässt mich nicht kalt!

Es tut mir so leid,
es ist ja so schlimm
und eine furchtbare Plage:
Aber vielleicht kann ich dir helfen"?

Franz Caduff erst mal tief schluckt,
aber dann ganz sagt er erfreut:
"Ja wenn das so ist, dann kannst du gerne mal
zu mir kommen. Ich danke dir von Herzen".

Aber erst dann,
wenn der Trubel hier vorbei ist".
Deshalb tauschen sie ihre Adressen
auch gleich gegenseitig aus.

Franz Caduffs Herz pocht ganz stark.
Doch plötzlich hört er, vom Hühnerstall her,
seinen goldenen Appenzeller,
den Hahn Fabian.

Er kräht leise, sehr leise erst,

er ist nicht mehr stumm.

Franz Caduff springt zum Stall hin und sieht

ganz beglückt, wie sich Fabian schüttelt.

Am nächsten Morgen, als Franz Caduff bereit

für den neuen Tag,

erscheint an der Tür, man glaubt es kaum,

Tierarzt Dr. Stanislaus Moggel.

Kleinlaut, er spricht:

"Es tut mir leid,

ich hab mich geirrt -

Es war doch nicht - die Vogelgrippe -.

Doch sicher, ist sicher,
nur kein Verdruss werter Herr Caduff.
Und hier noch meine Rechnung,
die ja auch noch sein muss.

Das Leben geht weiter,
das sehen sie doch ein,
nun Sali, Servus, Adieu und
Auf Wiedersehen".

Abziehen können nun alle,
und ganz ohne Tra-ra,
die Feuerwehr, die Polizei
ohne ta-tü ta-ta sogar.

Die Journalisten und Fernsehteams
machen sich ganz schnell vom Acker,
nebst allen, die zuvor waren
am Gatter, die Gaffer.

Entschuldigung kommt von niemandem,
die dort standen tagelang.
Die Kameras und Mikrophone Richtung Hof
gebannt,
nun sind alle fort, ohne ein einziges Wort.

Ruhe kehrt langsam ein,
auf Franz Caduff's Hof,
und ebenso nebenan
beim Grauchli Hans.

40

Fabian kräht wieder fröhlich auf dem Mist,
weil es auch so Sitte ist.
Der Hustensaft hat ihm geholfen,
man glaubt es kaum.

Friedhelm der Weiße von nebenan,
er hatte es geahnt und deshalb so gekreischt.
Nun ist er zufrieden, dass Fabian gesund, und
sie krähen als Freunde ab jetzt nun
gemeinsam.

Die Hennen fangen wieder an zu legen.
Die Eier sind nun doppelt groß
und schmecken köstlich,
ja famos.

41

Alles geht wieder seinen gewohnten Gang,

Franz und Hans schaffen und werken wie

vorher,

so als ob nie etwas - gewesen wär.

Eine Woche später jedoch,

kein Mensch mehr davon spricht,

vergessen war die Vogelgrippe.

Nur Hans und Franz, die vergessen dies

trotzdem nicht.

Doch Priska Fritzen,

an die kaum einer noch denkt,

selbst Franz, dem das Herz pochte,

vergisst es ganz.

Sie, Priska Fritzen
vergisst alles nicht!
Sie steht plötzlich da,
auf dem Bauernhofe.

Weit von Tirol her, ist sie extra angereist,
um nach dem armen Franz zu sehen
und um zu erfahren,
wie es seinen Tieren nun geht.

43

Ein Geschenk hat sie unter dem Arm
für den Franz.
Kaum zu glauben, aber wahr,
ein neuer Sulmtaler Gockel, wie wunderbar.

Sie hat nichts mehr im Radio gehört,
nichts mehr im Fernseher gesehen.
Deshalb hat sie sich kurzerhand aufgemacht,
und ist gekommen, zu trösten den Franz.

Bauer Franz Caduff ist hoch erfreut,
über so viel Herzlichkeit,
Und hübsch ist Fritzen Priska außerdem,
nett und niedlich anzusehen.

44

Verliebt hat er sich eins, zwei, drei,
in diese hübsche Tiroler Maid.
Und sie will auch nicht mehr fort, von Franz
und diesem herrlichen Schweizer Ort.

Am Hofe Caduff, die Arbeit nun viel leichter
ist, da Priska dem Franz überall hilft,
sooft und soviel und wo es nur geht.
Und Franz kann nun auch mal helfen dem
Hans; denn Hans ist allein, am Hof Grauchli.

Doch nicht mehr lang,
denn da kommt auch schon, Besuch aus Tirol.
Die kleine Schwester von der Priska, Fritzen
Vroni, so heißt sie, meist Vronerl genannt.

Das Vronerl mit langen, blonden Haaren,

verzaubert im Nu — nicht nur den Hans —,

ja fast auch noch,

den älteren Franz.

Fabian der kunterbunte Appenzeller,

auch Friedhelm Leghorn der Weisse, die Zwei

krähen, krächzen voll Vergnügen und

kreischen dabei.

Der neue Sulmtaler Gockel nun auf den

Namen Frie-Fa-Bolio Waldemar hört,

dass ist doch sicher

nicht verkehrt.

Frie von Friedhelm, Fa von Fabian und
Bolio Waldemar einfach nur so.
Er kräht enorm, mit klarem Kikeriki,
und man hört ihn weit.

Fabian und Friedhelm die beiden,
sie kommen langsam in die Jahr,
auch wenn es keine
Vogelgrippe war.

Inzwischen wächst heran,
der junge Steirer Sulmtaler Gockelhahn
Frie-Fa-Bolio Waldemar. Mit Priska aus Tirol
angereist, wie ja ein Jedermann weiß.

Frie-Fa-Bolio Waldemar, kräftig und
stark seine Statur,
verteidigt nun voller Elan,
sein Revier.

Fabian der Kunterbunte und
Friedhelm der Schneeweiße,
die zwei alten Gockel,
schreien nicht nach Tierarzt Dr. Moggel.

Wenn auch weniger Schmuck und Federn
sie trotzdem nicht geschlachtet werden,
sondern stattdessen hoch geachtet
und umhegt und fürsorglich gepflegt.

49

Franz und Hans, Priska und auch das Vronerl
stehen täglich auf noch früh um Fünf,
beim ersten Hahnenschrei -
nun von allen Drei.

Erinnern wird man sich noch
nach Jahren,
in weichen sanften Ruhekissen,
doch nicht nur an das Gefieder.

Auch die Ahnen der Hahnen
spendeten ihre Federn und
schmückten nicht nur die Hüte
von den Ahnen der Grauchli's und Caduff's.

Auch Königshäuser bestellten bereits
vor mehr als hundert Jahr Federn für das
Gewand von König und Kaiser und
die Damen trugen gern große Hüte zum Ball.

Frie-Fa-Bolio Waldemar es ist wohl kein Traum,
er hat hellbraune und blaue,
ja fast grüne Federn,
wie ein richtiger Steirer eben.

Nun oft erwähnt die Vogelgrippe,
doch es war ja glücklicherweise keine.
Und so hoffen alle, dass sie nie erscheint
und nicht Angst macht — Tag und Nacht.

51

kikeriki

Kikerkeriki

Kikeriki

52

ist dass das Ende von Teil 2?

ja Eiderdaus, da kommt vielleicht ja noch

Teil 3!

Teil III -

FRIE - FA - BOLIO Waldemar

54

Wo ist Gockel Fabian - fragt Huhn Resi wieder einmal?

55

Fabian, der goldne Appenzeller Gockelhahn
gehört dem Bauer Franz Caduff.
Er kräht und kräht des Morgens früh um Fünf,
das wisst ihr sicher noch?

Am Hof Grauchli gegenüber
Friedhelm Leghorn der Schneeweiße regiert,
mit krächzendem Ton und oft plagiiert,
doch Freunde die Zwei inzwischen sind.

Den Gockelhahn Frie-Fa-Bolio Waldemar,
hat Priska Fritzen aus dem schönen Tirol
mitgebracht und
sie hat sich dabei etwas gedacht.

Später kam ihre Schwester s'Vronerl
aus dem Tiroler Land.
Besuchen wollte sie Priska und Franz und
blieb gleich bei dem Nachbarn, dem Hans.

Fabian und Friedhelm, die zwei Gockel,
waren Rivalen, ja Streithähne sogar.
Nun sind sie recht alt und krähen
und wecken nicht mehr um fünf in der Früh.

Frie-Fa-Bolio Waldemar der neue
Sulmtaler Gockelhahn im Stall.
Er hat nun das Sagen und kräht nun früh
um fünf vor Fünf bereits.

57

Er kräht gar fünf Minuten lang,
was bisher keiner kann.
Er weckt nicht nur den Hof Caduff,
nein, auch den Hof von Grauchli.

Hennen hat Frie-Fa-Bolio Waldemar
um sich herum genug,
zwanzig Hühner laufen nun einher,
dass Fabian, ja Friedhelm ganz staunen.

Sie haben Frie-Fa-Bolio Waldemar pünktliches
Krähen zwar erst beigebracht,
tagsüber dann viel spazieren gehen und
Krächzen und Kreischen bei Gefahr.

58

Doch über Nacht auf dem Hofe Caduff

— wer weckt zu früh,

— wer weckt zu laut,

dass man kaum seinen Ohren traut.

Der neue - Frie-Fa-Bolio Waldemar -

der schönste Hahn nun weit und breit,

und nun hat er auch das tollste Federkleid

Eitel und stolz, ja kerzengerade sein Gang.

Ein Jahr vergeht, gerade wie im Flug
und mitten im Winter ist es dann passiert.
Es gibt nun viel Zeit für Festlichkeit.
Gefeiert wird ganz groß.

Doppelhochzeit gibt es im Dorf.
Bauer Grauchli Hans und Fritzen Vroni und
Priska Fritzen und Bauer Franz Caduff
werden feierlich getraut.

Gockel Fabian, der Kunterbunte und
Hahn Friedhelm, der Schneeweiße,
begrüßen mit leisem Gekrächz und Kikeriki
die feine, lustige Gästeschar.

60

Frie-Fa-Bolio Waldemar schreit fast Hurra,
er kräht vor Glück, die Hochzeit ist da.
Mit bunter Federpracht wird
viel Tra-ra gemacht.

Tiroler sie kommen ins Schweizer Land,
mit Akkordeon und Fidel bei der Hand.
Sie sind lustig und fröhlich, ja froh gelaunt
und sind gleich allseits gut gesinnt.

Viel Gesang wird geboten
und Jodlerweisen dazu.
Es ist solch ein Fest,
dass Keiner niemals vergisst.

61

Hans Grauchli packt gleich sein Schweizer
Handörgeli aus,
und spielt einen urchigen Ländler darauf.
Franz Caduff bläst das Alphorn dazu, juchhui.

So begrüßen sie mit Musikklängen,
Hallo und Holladrio die fremden Gäst
und Fritzen Vroni und Fritzen Priska
sie jodeln noch dazu.

Mutter und Vater Fritzen,
aus dem Tiroler Land,
die Zwei, weinen vor Glück,
oder ist es gar ein Weinen vor Leid?

Glück - weil sie gewonnen, auf einen Schlag -
gleich zwei neue Söhne.
Leid - weil sie nun einsam sind -,
im fernen Tirol.

Und alle Gäste meinen:

So ein schöner Tag,

der vergeht doch viel zu schnell

und leider im Nu.

Am Tanzboden werden noch viele

Kontakte geknüpft.

Und Priska und Franz, und Vroni und Hans,

die Vier, schwelgen im Glück.

Wie im siebten Himmel

fühlen sich alle.

Doch am nächsten Morgen

ist die Feier vorbei.

Heim auf Tirol gehen nun alle Gäste von
Fritzen. Sie verabschieden sich mit Tränen
und Wehmut
und hoffen auf ein baldiges Wiedersehen.

Frie-Fa-Bolio Waldemar, Fritzens ganzer Stolz,
kräht nun für immer und ewig im Schweizer
Land. Er winkt den Gästen mit seinem weiß-
bunt gesprenkelten Federkleid zum Abschied
- im Wind.

Er kräht voll Verzückung.
Ja man hört fast sogar,
ein Hollatrio und bleibt Gesund.
Bis zum nächsten Mal, also auf Bald!

Der Winter vergeht,

der Frühling naht,

Frie-Fa-Bolio Waldemar kräht, und Franz sagt:

Zeit ist, nicht nur für die Kartoffelsaat.

Priska und Vroni nun gemeinsam schneiden,

Kartoffeln in halbe Scheiben.

Hans und Franz, sie legen sie dann,

geschwind, hinab in die Erde des Feldes.

Die Hennen, sie rennen,
Eiderdaus - hinterher,
sie meinen, es seien,
Saat-Körner - für sie.

Gockel Fabian und Hahn Friedhelm, die Zwei,
sie sitzen zwischen den zwei Höfen
auf der Wäschestange und
genießen den Vorruhestand.

Frie-Fa-Bolio Waldemar kräht steirisch daher.
Es ist ja schon Frühling und
der Wonnemonat Mai kommt geschwind,
bestimmt.

Alle Tiere rundherum
auf den Höfen Caduff und Grauchli
jetzt täglich auch
nach draußen dürfen.

Sie toben auf den Wiesen,
zwischen den Blumen und Büschen,
bis sie am Abend wieder sich drängen
hinein in die sichere Scheune, den Stall.

Priska, Vroni, Franz und Hans
haben jetzt noch viel mehr zu tun!
Denn lang ist es nicht mehr, dann geht es
hinauf, hinauf auf die Alp!

68

Hinauf in die Berge
hinauf auf die grüne Fluh,
ja fast bis zur grauen,
zur düsteren Felswand zu.

Im Juni geht es zuerst kurz in das Maiensäss.
Voraus der Franz,
die Schafe und dann die Kühe
und hinterher der jüngere Hans.

Die Ziegen und Schweine
holt Franz hinterher,
mit einem bergtauglichen
Sattelschlepper.

Die Hennen wurden
fast alle verkauft.
Nur Drei bleiben da, und die dürfen sogar,
mit auf das Maiensäss hinauf.

Schneeweiß Friedhelm der Gockel,
aber diesmal vor Angst.
Auch Fabian früher kunterbunt,
steckt seinen Kopf nun tief in den Sand.

Frie-Fa-Bolio Gockel Waldemar
die neue Weckmaschine - na klar.
Sie werden alle in einen Kombi geladen
und luxuriös zu Berge gefahren.

70

Mit Priska, sowie dem Vronerl, hinauf.
Hinauf auf die Berge, zum Maiensäss und
später vielleicht auch zur kleineren,
ja winzigen Alp.

Frie-Fa-Bolio Waldemar, er ist mit Priska und
Vroni, auch das erste Mal da.
Er kräht jetzt viel lauter und noch öfter
vor lauter Freude und Glück.

Friedhelm und Fabian sitzen nun vor der Hütte
und verlieren ihre Angst vor der Zukunft.
Sie genießen die gesunde Bergluft, das tut
ihrem Halse so gut und sie krähen wie früher.

Priska und Vroni putzen das Haus,

schön sauber und fein, so soll es auch sein.

Franz und Hans kümmern sich um all die Tiere

und alle vier Singen recht fröhlich dabei.

Kurze Zeit bleiben die Vier

mit ihren Tieren jetzt da,

auf dem feudalen Maiensäss,

umgeben von saftigen Wiesen - Hurra, Hurra.

Bei den drei Hennen stellt sich der Nach-

wuchs schon ein.

Küken schlüpfen aus dem jedem Ei, und

voller Stolz kräht dazu,

der Gockelvater Frie-Fa-Bolio Waldemar.

Fabian und Friedhelm,

Gockel aus altem Geschlecht,

freuen sich mit ihm und über die

angenommene Enkelschar.

So ist der Stall bald wieder gefüllt

denn auch bei Familie Kuh

kommen schon bald neue Kälbchen dazu,

im Nu.

Bevor der Alpabzug naht,

dann *im* Herbst,

werden auch manche Ziegen und Schafe,

wohl noch Nachwuchs bekommen.

Jetzt im Sommer, im Juli genau,

wenn der Hahn kräht auf dem Mist,

weil es für ihn dort am Schönsten ist,

denkt man daran, wie es früher so war.

Es soll auch so bleiben

meinen hier alle

geruhsam und nett

so ganz ohne den heutigen Stadt-Stress.

74

Aber Frie-Fa-Bolio Waldemar,

er kündet es an,

es wird Zeit aufzubrechen.

Noch höher hinauf, hinauf auf die hohe Alp.

Die Kühe, Schafe, Ziegen und die Schweine

dürfen mit auf die weite Reise.

Hinauf auf die Alp, La Plain auch genannt,

mit Hütte und Stall, nur viel enger.

Alles ist kleiner als zu Hause am Hof,

und als im Maiensäss dort unten.

Trotzdem wird es allen leichter ums Herz

und die Luft ist noch eine Spur reiner.

Des Nachts sieht man

die Sterne sogar,

und sie leuchten so klar,

dass man gern länger im Freien verbringt.

In der Not schläft man unter dem Sternenzelt

oder vielleicht auch im Stall.

Im frischen Heu, da fühlt man sich wohl

ja fast wie neu geboren.

Nur bei Gewitter drängen sich einige

ängstliche Tiere

in den Stall, und

prusten und blöken und muhen dazu.

76

Die meisten jedoch, bleiben draußen liegen,
und genießen den Knall,
und die frische Dusche dazu, denn das
Gepolter geht sowieso, gleich vorbei.

Vroni melkt die Ziegen,
die Priska die Kühe.
Der Hans hütet die Schafe
und Franz macht den Käse dazu.

Des Sonntags und manchmal
auch während und unter der Woche,
kräht Frie-Fa-Bolio Waldemar und kündet an,
fremde Besucher und Wanderer auf der Alp.

77

Für hungrige Bergsteiger
wird aufgetischt,
Bratkäse mit Erdäpfeln,
Capuns und Maluns.

Dazu zwei Getränke zur Auswahl gibt es.
Frisch gemolkene Milch, von Kuh oder Ziege
oder frisch sprudelndes Quellwasser,
ganz nach des Wanderers Wunsch.

Während dem Tag meist friedlich und still,
ist es auf La Plain, da oben.
Die Tiere, sie grasen und finden manches
gesunde und feine Kräutlein und viele
duftende und gesunde Blümlein.

🐓🐓🐓🐓🐓🐓🐓🐓🐓🐓🐓🐓🐓🐓🐓

Priska, der die Alpluft sehr gut tut, sodass sie
vor Ende der Alpzeit auf La Plain oben,
und nicht erst unten im Tal auf dem Hof,
Mama wird und zwei Babys bekommt.

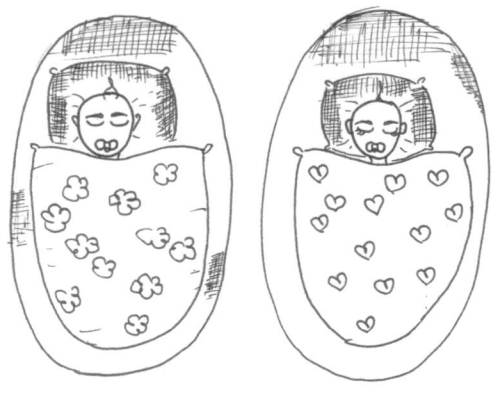

Reto und Ursina,
die Zwillinge genannt,
und glücklich, ja sicher, vom ersten Tag an,
die Alpkinder Caduff heissen.

79

Der Herbst er naht,

viel ist geschehen,

doch Zeit aufzubrechen,

Zeit zu gehen.

Und Frie-Fa-Bolio Waldemar, er kündet es an,

Alpabfahrt und La Plain ade.

Erst ein Stückchen wieder hinunter,

vielleicht für drei bis vier Wochen.

Der Alpabzug beginnt,

Trauer kehrt ein,

nicht nur bei den Tieren,

sondern allgemein.

Franz Caduff ist nun stolzer Papa
und Priska überglückliche Mama.
Sie kehren zurück zum Maiensäss
und zur Wiege kommt noch ein Korb hinzu.

Mit Ursina und Reto hat Priska nun
die Hände voll zu tun
zum Füttern, zum Waschen
und sonst noch Allerlei.

Die Ziegen, Schafe alle haben Jungtiere
auf La Plain geboren,
und Franz und Hans müssen auch diesen
Nachwuchs helfen zu versorgen.

81

Auf den Armen werden die Kleinen, hinab ins Maiensäss, getragen.

Priska trägt Reto, die Vroni Ursina, La Plain Lebewohl, wir sehen uns wieder, im nächsten Jahr.

Am Rücken haben
alle noch einen Korb,
darin die drei Hennen
und ihre neun Küken.

Franz hat Fabian und Friedhelm am Rücken. Frie-Fa-Bolio Waldemar hat der Hans in der Krax, und jeder hat noch dazu ein kleines Alpschweinchen im Arm.

Im Maiensäss bleiben nun alle ab September,
bis zur Mitte oder auch zum Ende im Oktober.
Dann ziehen sie wieder ganz hinab ins Tal,
Jeder auf seinen eigenen Bauernhof.

Erwartet werden sie sehnsüchtig von
Vater und Mutter Fritzen,
die extra zum Alpabzug,
aus Tirol angereist.

Sie dürfen nun gleich zwei Enkel in den Arm
nehmen, liebkosen und herzen.
Was für ein Wunder ist oben geschehen!
Und durch das Tal klingen die Glocken dazu.

83

Wieder zu Hause im Tal
kündet sich schon bald an,
es gibt wieder ein Fest.
Der Herbst ist kurz, der Winter, er naht.

Frie-Fa-Bolio Waldemar kräht gemeinsam
mit Friedhelm und Fabian, im Chor.
Sie krähen voll Freud, denn die Taufe steht an,
dort gleich nebenan, im Hause Caduff.

Und aus dem schönen Tiroler Land
kommen gern all die Verwandten,
um anzusehen das neue Glück -
die Babys Reto und Ursina Caduff -.

Alle Onkel und Tanten, die Paten und Freunde
reihen sich ein, in die Festgemeinde.
Alle sind hoch erfreut,
über so viel Herzlichkeit.

Die Kirche ist voll, der Pfarrer gießt schnell,
Weihwasser aus dem Taufbecken.
Auf die zwei Köpfchen und segnet dabei,
feierlich die Zwei.

Ursina und Reto sind nun getauft.
Die Glocken, sie läuten
sie rufen dir zu,
ein neuer Christ kommt hinzu.

Die Tiroler sind lustig,

sie feiern die halbe Nacht,

mit den Schweizern zusammen

und nun "Gute Nacht".

Wieder ein Jahr später,

nach einem schönen Bergsommer -

im Winter ist es so weit, im Hause Grauchli,

bei Vronerl und Hans wird wieder gefeiert.

Taufe natürlich!

Im kleinen Dorfkirchlein klingen wieder die

Glocken,

Grauchli Chrischona das Mädchen heißt

und Peider der Bub.

Nun ist die Freud
total perfekt,
und Grauchli Hans ist
stumm vor Glück.

Alle zusammen jetzt ein Quartett
einfach komplett und ganz perfekt.
Vater und Mutter Fritzen
können so viel Glück kaum fassen.

Auch Friedhelm ist glücklich und Fabian ist
stolz und
die Hennen sie gackern und legen ein Ei,
Frie-Fa-Bolio Waldemar kräht dazu, nanu nanu.

87

Im nächsten Sommer,

wenn alle zum Maiensäss und zur Alp La Plain

hoch steigen – dann hört man sie rufen:

Franz und Hans dankbar

- **im Abendgebet**.

KIKERIKI

kikeriki

KIKERIKI

89

🐄🐄🐄🐄🐄🐄🐄🐄🐄🐄🐄🐄🐄🐄🐄🐄🐄🐄🐄

Schad - und jetzt ist es aus !

Und Huhn Resi denkt oh Graus - aus - .

aber aus ist es noch lange nicht,

drum auf die Stange, jetzt spute dich.

🐄🐄🐄🐄🐄🐄🐄🐄🐄🐄🐄🐄🐄🐄🐄🐄🐄🐄

Teil IV -

FRIE - FA - BOLIO Waldemar kehrt
heim

91

Viele Jahre sind nun vergangen.

Unvergessene Alpsommer sind vorbei.

Die Zeit war oft sehr schön,

doch mit vier Kindern auch streng.

Im Hofe Grauchli und Caduff

weht ein frischer Wind und

geht es immer lustig zu,

denn vier Kinder geben oft keine Ruh.

Die vier Enkel von Fritzen

Ursina, Reto, Peider, Chrischona

wachsen fast gemeinsam auf,

da gleich gegenüber, da ist ja ihr Haus.

92

Die früheren Streithähne Fabian und
Friedhelm, sie waren am Ende versöhnt
und hatten noch viele schöne
gemeinsame Jahre.

Sie leben nicht mehr auf den Höfen
bei Grauchli und Caduff.
Sie sind gestorben die Zwei,
vergessen sind sie aber nicht.

Ursina und Reto Caduff, sie helfen
schon mit auf dem Hofe,
es ist eine Pracht, der Stolz,
nicht nur von Vater und Mutter.

Auch kümmern sie sich noch
um die kleine Cousine Chrischona
und den Cousin Peider vom Hofe Grauchli,
gleich nebenan.

94

In den letzten paar Sommer
marschierten alle vier bergan.
Sie trieben die Kühe auf die Alpweiden,
hüteten die Ziegen und die Schafe.

Der Hahn Frie-Fa-Bolio Waldemar natürlich,
darf auch nicht fehlen,
mit seinem kleinen, ja feinen Hühnervolk.
Wenn der Alpsommer naht, kräht vor Freud.

Wenn die Sonne aufgeht, über den Alpen,
wenn sie den ganzen Tag strahlend scheint,
kräht Frie-Fa-Balio voll Verzückung,
ganz ohne jegliche Entrückung.

Er kräht auch, wenn ein Fremder naht.

Er ist zwar kein Hund, er bellt auch nicht,

auch keine Gans die heftig schnattert,

er ist aber Frie-Fa-Bolio und kann es!

Die Eltern machen noch mehr

Butter und Käse, und werden

sehr modern

und ganz aktuell.

Strom ist nun da,

sogar auf der Alp.

Und so kaufen sie einen Computer und

preisen nun ihre Waren, auch im Internet an.

Das Geschäft, es läuft gut und

es spricht sich herum, dass der Käse

von der Alp, köstlich wie ein Gedicht,

gleich im Munde zerfließt.

Bauer Franz Caduff jedoch täglich
mehr Zeit beim Surfen im Internet
mit der ganzen Welt verbringt,
als beim Heuen und Melken im Stall.

Er sieht die Sterne am Abendhimmel nicht
mehr, sieht nicht die Berge, wenn sie
leuchten so rot.
Er sieht kaum die Kinder, kaum seine Frau.
Er hört auch nicht, wenn jemand spricht.

Oma und Opa Fritzen kommen oft aus Tirol
angefahren, um zu besuchen ihre Enkelschar.
Den Töchtern und Schwiegersöhnen
anerkennend auf die Schulter zu klopfen.

Nun aber wird beraten, was zu tun ist.
Denn mit dem Franz darf es so nicht
weitergehen. Er sieht nicht mehr die
Gefahren, hier und da und ringsherum.

Franz sieht nicht mehr
die Blütenpracht im Frühling.
Er weiss nicht mehr,
wann der Alpsommer beginnt.

So entscheiden die Familien Fritzen, Grauchli
und auch Priska Caduff – die Leidtragende -
schaltet sich ein. Weg mit dem Computer,
auch dem vermeintlich lukrativen Internet-
Käse-Verkauf.

Frie-Fa-Bolio Waldemar kräht auch dazu,
denn Franz sieht nun wieder sein Federkleid.
Er sieht den Hof, seine Frau und die Kinder,
kümmert sich wieder allseits rührend.

Die Berge, sie leuchten
in rötlichem Abendschein
und verkünden Frieden
und Freude allgemein.

100

Priska ist glücklich und zufrieden,
Franz sieht seine Fehler ein.
Er denkt, man muss ja nicht alles übertreiben,
man kann auch mit weniger zufrieden sein.

Das Leben geht wieder
seinen gewohnten Gang.
Die Kinder wachsen und gedeihen,
und hüten auch alleine schon den Hof.

Vater und Mutter Fritzen sind nun recht alt.
Sie wohnen dort,
so ganz weit fort -
im fernen Tirol.

101

Eines Tages aber,
es war gerade Herbst.
Zeit um sich für den
Kommenden Winter zu richten.

Da kam ein Anruf aus Tirol,
es gehe der Oma gar nicht so gut.
Die Kinder, sie sollen doch alle
noch schnell, einmal kommen.

Chrischona und Peider die freuen sich sehr,
wir fahren zu Opa und Oma.
Ins Tiroler Land,
das ist doch so toll.

Reto und Ursina dagegen
sind ja schon etwas größer
und wissen es besser,
dass diese Fahrt nicht so lustig ist.

Dort in Tirol dann,
liegt Oma im Bett.
Sie spricht kaum ein Wort,
ganz so, als ob sie schläft.

Peider und Chrischona fragen:

Was ist denn nur geschehen?

Reto und Ursina sagen:

Oma ist so krank und wird nicht mehr gesund.

Die vier Kinder müssen

früh zu Bett,

und die beiden Mamas und Papas

sitzen mit Opa am Tisch.

Sie reden viel,

fast die ganze Nacht,

dabei schauen sie abwechselnd

nach Oma in ihrem Bett.

Am nächsten Tag schon,

müssen die Vier wieder heim.

Zurück in die Schweiz,

denn da warten die Tiere auf Stroh.

Der Abschied fällt allen recht schwer,

da sieht man auch gleich, denn Tränen die

fliessen, Stille und Kummer tritt ein. Sieht man

die Oma Fritzen noch einmal? Nur Gott allein

weiss dies.

105

Im Winter, wenn es dann kalt ist Draußen,
der Ofen knistert mit trockenem Holz,
dann kräht der Hahn, auch auf dem Mist,
weil er es gewohnt so ist.

Papa Franz sagt, so ist das Leben.
Dem Einen geht es gut, dem Anderen
schlecht -
hab ich nicht recht.

Gockel Frie-Fa-Bolio Waldemar
kräht dazu vor Glück,
dass alle wieder gesund und
heil zurück.

106

Familie Caduff und Grauchli nun

täglich diskutieren und reden,

und sich auch schon bald einig sind.

Eine Lösung muss her, und ist plötzlich da.

Es gibt nur noch einen Gockel,

und der lebt auf Hofe Caduff.

Doch er darf bald heim,

zurück nach Tirol.

Die Grauchlis ziehen mit Sack und Pack.

und verabschieden sich wohl für lange Zeit,

vielleicht sogar für immer.

Ihre Reise geht nun ins ferne Land Tirol.

Ursina und Reto sind nicht beglückt,

dass Chrischona und Peider nun fort.

Die Eltern aber versprechen,

dass sie sich während den Ferien treffen.

Die Grauchlis ziehen nun

zu Opa und Oma nach Tirol.

Sie helfen Opa Fritzen auf dem Feld

und sorgen für die kranke Oma.

Chrischona und Peider sind nun auch gross
und helfen der Mama, dem Vronerl.
Papa Hans fühlt sich schnell wohl,
im doch für ihn fremden Land, Tirol.

Mit Oma Fritzen geht es auch bergauf,
sie lächelt immer öfter, denn sie hat erkannt,
dass sie nicht mehr allein sind
und wieder Leben ist auf dem Tiroler Hof.

Opa Fritzen erklimmt nun mit den
Enkeln seine Tiroler Alm,
und die Kinder stellen gleich fest,
dass es fast wie auf der heimatlichen Alp ist.

Die Berge sind hoch an beiden Orten,
Zufriedenheit und Ruh hat man hier in Tirol auf
der Alm und auch dort in der Heimat,
auf der Alp, im fernen Schweizer Land..

Der Hof Grauchli in der Schweiz
wird nun erst mal verpachtet,
das ist im Moment halt
die beste Sache.

Die Grauchli's und auch die Caduff's
sind oft traurig
und weinen viel,
weil sie nicht mehr zusammen sind.

110

Die Grauchlis übernehmen
nun den Tiroler Hof.
Opa Fritzen meint, es ist so das Beste,
man weiss ja auch nicht, was Morgen ist.

Frie-Fa-Bolio Waldemar kräht dazu,
es ist also abgemacht,
und er fühlt sich auch wieder wohl
in seinem alten Heimatland, in Tirol.

Bei Caduff dagegen die Ahnen der Hahnen
auch nicht vergessen gehen.
Federn und Fotos künden davon,
wie schön die zwei, der Fabian und Friedhelm
einst waren.

III

Der Frühling vergeht,

der Sommer naht rasch.

Dann es ist soweit: Chrischona und Peider

bekommen Besuch,

von Ursina und Reto aus der Schweiz.

Sie verbringen den Alpsommer

nun gemeinsam

auf der Tiroler Alm,

zusammen mit Opa Fritzen.

Im nächsten Sommer dann

ist es genau umgedreht,

da ist Chrischona mit Peider.

zu Besuch bei Tante Priska und Onkel Franz.

Und zusammen gehen sie dann alle,
mit den Cousins Ursina und Reto,
auf die Alp La Plain in der Schweiz
und vorher aufs niedrigere Maiensäss.

Ein Jahr später, kurz vor dem Almaufzug,
sagt die Oma Fritzen für immer Servus.
Ade meine Lieben, bleibt ihr kerngesund,
und bis irgendwann.

Die Glocken verkünden, sie läuten ganz laut.
Oma Fritzen lebt nicht mehr,
sie ist von uns gegangen und
alle spüren es gewiss,
dass nun alles anders ist.

Es hat sich verändert im Hof und im Haus,
alles ist stiller und sehr ungewohnt.
Opa ist einsam und allein,
und traurig nun an jedem neuen Tag.

So beschließen die Grauchlis
sich zu trennen.
Nein, keine Trennung auf ewig,
eine Trennung auf Zeit.

Hans Grauchli geht nun alle Sommer
mit den vier Kindern,
mit dem Vieh,
auf die grüne Alm, hoch droben.

Vroni Grauchli unterdes,
bei Papa Fritzen im Tal unten bleibt.
Sonntags gehen sie bergan,
und besuchen die Liebsten auf der Alm.

Doch Opa Fritzen, die Sonne nicht mehr
genießt, denn ihm fehlt sein Sonnenschein!
Eines Sonntags, er nicht mehr hinauf zur Alm
will und wie damals Oma, anfängt zu kränkeln.

Noch vor Erntedank wird er
zu Grabe getragen.
Oma Fritzen ist nun nicht mehr allein
und Opa hat auch seine letzte Ruh.

Alle Kinder und Enkel weinen bitterlich
und sehnen sich doch ein wenig zurück.
Zurück als alles noch schön und lustig war
und Musik erklang hier und da.

Selbst Hahn Frie-Fa-Bolio Waldemar
geht vor Kummer nun ein.
Er kräht nicht mehr,
so viel Unglück, in nur einem Jahr.

116

Die Schafe hören auf zu Blöken,

so als ob sie spüren,

dass etwas nicht stimmt

und etwas im Hause Fritzen passiert.

An Allerheiligen alle Kinder und Enkel

Opa und Oma Fritzen gedenken!

Und den beiden zarte Blümlein

vom letzten Alpsommer schenken.

Auch zwei Kerzen zünden sie an, dass dort
an diesen fremden, doch friedlichen Ort,
für sie leuchtet und ihnen sagt,
wir denken stets an euch.

Traurig ist doch dieser Teil,
doch so ist das Leben allgemein.
Trauer, Sterben gehören dazu,
aber nicht immer ist es so.

Was wohl bei Caduff-Fritzen in der Schweiz
und Fritzen-Grauchli in Tirol noch geschieht?
Keiner ruft mehr Kikeriki,
es herrscht Ruhe nun im Hühnerstall.

Teil V - Die Jugend,

der Gockel Fabiolound

Rooster Booster Kikeriki

119

Inzwischen ist ein Jährchen vergangen.

Auf dem Hofe Caduff-Fritzen zieht ein,

ein neuer Hahn von Grauchli's,

aus dem Tiroler Haus.

Sein Name,

ganz einfach und klar

Rooster Booster Kikeriki,

das ist wirklich wahr.

Auch im Haus Grauchli in Tirol

ein Nachfahr von Frie-Fa-Bolio Waldemar.

Der neue Hahn dort Fabiolo genannt

er kräht vergnügt, oft außer Rand und Band.

120

Die Kinder, sie wachsen und gedeihen
und leben glücklich und zufrieden allgemein.
Die Familien gehen in Tirol zur hohen Alm,
in der Schweiz hinauf, bergan auf die Alp.

Mit den Jahren vergessen sie
so langsam den Kummer und Schmerz.
Die vier Kinder bereiten größte Freude, sind
fleißig, sie lernen und machen keine Sorgen.

So geht das Leben seinen gewohnten Gang.
Sorgen und Plagen im Alltag sind vergessen.
Die Hähne Fabiolo + Rooster Booster Kikeriki
krähen wieder fröhlich mal hier und dort.

121

Reto und Ursina Caduff sind nun erwachsen.

Sie kommen aber trotzdem

noch, und so oft es geht

zu den Verwandten, nach Tirol.

Chrischona und Peider auch

flügge nun sind.

Sie gehen zur Schule und lernen gewiss,

was für die Zukunft so wichtig ist.

Ursina ist Landwirtin

aus gutem Grund,

und mit Herz und Seele

hält sie alles beisammen.

122

Ursina hat ihren Schatz

in Tirol gefunden,

sie kennt ihn schon lange,

schon zehn Jahre, bestimmt.

Korbinian Schranz -
der kann fast alles.
Er fährt Ski wie ein Ass
und hat auch sonst recht viel Spass.

Reto dagegen studiert Medizin
in Zürich und Genf,
und einige Jahr -
im Ausland sogar.

Er reist weit, über Ozeane dahin, nach
Australien, Neuseeland und Samoa sogar!
Und bringt von dort mit,
die schönste Perle, der Südsee sogar.

124

Moana, so schön, wie eine schwarze Perle
das Kostbarste aller Geschenke!
Aus Dankbarkeit, überreicht von König Kilikulu,
für die große Wohltätigkeit Reto's am Volk..

Reto will das Geschenk nicht annehmen
aber er liebt Moana
vom ersten Augenblick an
und Moana reist mit ihm - sodann.

Sie leben nun glücklich
und zufrieden
im Tessin, im südlichsten Süden,
der Schweiz.

Da gibt es auch Palmen, gerade wie zu Haus,
und tropische Pflanzen, wie auf Samoa,
einen Strand in Lugano und viele noch
nebenan, am Lago Maggiore, am Comer See.

126

Moana findet sich schnell zurecht,

im für sie doch fremden Land.

Sie wird schnell berühmt, als Sängerin,

Schauspielerin, ja als Miss Schweiz sogar.

Bei der Schwägerin Ursina und dem

Schwager Korbinian sie es auch toll findet.

Auch hört sie gern das Krähen von Rooster

Booster Kikeriki und so entsteht der neueste

Song, ist das nicht toll?

Die Tante Vroni, den Onkel Hans hat Reto

besonders gern, deshalb fahren sie oft nach

Tirol. Besuchen dort auch Chrischona auf der

Alm, wo der Enzian blüht - sodann.

Peider unterdes meist
ins Schweizer Land reist
und dort, nach der Pacht,
übernimmt seines Vaters Hof.

Als Biobauer mit recht viel Wissen, durch
höhere Schulbildung hat er dies erreicht und
durch Reisen in ferne Länder er nun exotische
Früchte - wie Feigen, Datteln – und sogar Reis
heute anbaut.

Chrischona lernt und studiert
immer noch
auf einer guten Schule
Musik und Pädagogik unterdes.

Sie fährt oft hinaus ins Bayernland
und ist bald in der ganzen Jachenau bis
Mittenwald, dem Tölzer und Ammergauer
Land und sogar bis in die Ramsau bekannt.

129

Ihre Lieder tönen über Höfe,
durch Dörfer, über Täler und Höhen
und klingen so klar
und ihr Jodel tönt ganz famos.

So hört sie auch eines Tages
der Bayer Sepp.
Feichtlmoser Sepp ist sehr verzückt
vom ersten Augenblick an ganz beglückt.

Die zwei sie werden
schnell ein Paar
und heiraten noch,
vor dem Alpsommer sogar.

130

Dies, damit alle Verwandte
und Freunde kommen können.
Denn nach Kummer und Sorgen
braucht es auch wieder Freude und Feste.

Daheim sind die zwei nun,
im Schatten der Zugspitze.
Chrischona lehrt Kinder,
in Garmisch, Grammatik.

In den Ferien reist nun
der Sepp mit Chrischona
nach La Plain hoch, und ins Tessin,
und ein kurzer Besuch noch, nach Tirol.

Auch die Beiden bekommen
wieder zwei Kinder.
Tobias der Grosse
und Maria die Kleine.

Die zwei Kleinen verbringen
viel Zeit in Tirol.
Mit dem Radl sind sie ganz geschwind,
bei der Oma und dem Opa.

Und es ist ganz sicher und wahr,
ja gewiss sogar,
dass einer von den Beiden einmal
den Hof Fritzen-Grauchli übernimmt.

Die Eltern Grauchli
verbringen am Hofe Fritzen
noch lange Zeit
glücklich in Tirol.

Sie überlegen schon heute
den Hof zu verkaufen,
um zurück in die Schweiz
zu Peider zu gehen.

Hans manchmal schon um vier erwacht
oder gar um Mitternacht.
Was hat das zu bedeuten, denn er weiss,
wenn er verkauft, dann ist alles vorbei.

133

So schläft Hans unruhig

Nacht für Nacht

und er weiss

er kehrt nicht mehr hierher zurück.

Peider würde sich freuen

die Hilfe der Eltern zu haben

jetzt

und an allen Tagen.

Doch Peider, er rät

abzuwarten

denn oft ist zu schnell

entschieden.

134

Papa Hans ist froh um die Hilfe
und Mama Vroni lenkt ein
und sagt - nichts wird verkauft,
wir sind ja noch jung und nicht so dumm.

Vroni überrascht Hans
mit einem Geständnis.
Sie wird noch mal Mama
und zwar noch in diesem Jahr.

So war es doch gut, noch nicht zu verkaufen;
denn vielleicht hat das neue Kind Grauchli
Spass am Hof und sonst sind Maria und
Tobias, die zwei Enkel, ja auch noch da.

135

Und Peider ist noch jünger
und findet auch bald seine Frau,
sie ist wirklich und wahr
tatsächlich aus Tirol sogar.

Er kannte sie auch schon früher,
oft hat er mit ihr - Kathrin - gespielt
als er noch daheim wohnte,
am Hofe Fritzen.

So sind die Caduffs und Grauchlis
glücklich und zufrieden
und leben vielleicht auch
noch heute.

Irgendwo in Österreich im Tiroler Land,
in der benachbarten Schweiz vielleicht
oder auch im südlichen Bayernland,
wer weiss, vielleicht sind sie auch weit fort.

Und irgendwo dort
auf dem Mist
kräht meist vor lauter Glück
ein kunterbuntes Federvieh - Kike..ri..ki...

Und so wird es auch in hundert Jahr noch sein,
wenn wir alle ein wenig Sorge tragen,
zur Natur und Umwelt, zum Klima,
und zum friedlichen Miteinander.

137

Ki-keriki

Familienstammbaum
GRAUCHLI - FRITZEN

<u>Hans Grauchli</u>   &   <u>Vroni Fritzen</u>

Kathrin & Peider   Chrischona & Sepp
Grauchli   Feichtlmoser-Grauchli

Tobias Feichtlmoser
Maria Feichtlmoser

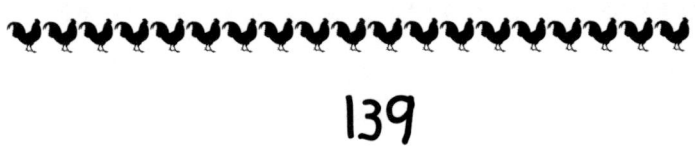

Familienstammbaum
FRITZEN - CADUFF

Franz Caduff & Priska Fritzen

Moana & Reto
Caduff

Ursina & Korbinian
Schranz-Caduff

140

Regina Stierli-Schöll

geboren 1951
in Waldbrunn bei Würzburg

Als sogenanntes Nachkriegskind,
in bescheidenen Verhältnissen,
zuerst auf einem Bauernhof
aufgewachsen, besuchte sie die Volksschulen in Waldbrunn,
Rossbrunn, Köln Rath-Heumar und die kaufmännische Fachschule in
Würzburg.
Sie arbeitete in einigen Büroabteilungen und viele Jahre als
Alleinsekretärin. Sie lebte mit ihrer Tochter meist im Süden
Deutschlands, u.a. in Mädelhofen, Oberdürrbach, Würzburg,
Waldshut-Tiengen + Brenden im Hochschwarzwald,
Giswil im Kanton Obwalden / Schweiz
Berufe: Autorin, Sekretärin
Zum Schreiben wurde sie vor einigen Jahren inspiriert, eigentlich
zum zweiten Mal, da sie schon als Kind gerne kleine Geschichten
schrieb. Nun durch ihre Enkelin, die immer neue Geschichten hören
wollte. Als Kind las sie gerne Bücher u.a. von Johanna Spyri und Karl
May.

Naomi Ofeibia Antrie

geboren 1993
in Wiesbaden

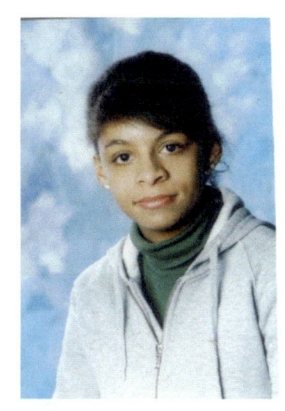

Sie verbrachte ihre ersten
Lebensjahre in Wiesbaden,
wo sie auch heute wieder zu Hause ist.
Ihre Kindergartenzeit jedoch verbrachte sie in der Heimat ihres
Vaters, in Ghana, wo sie auch die Vorschule besuchte. Nach der
Rückkehr aus Afrika besuchte sie die Medardusschule in Bendorf bei
Koblenz am Rhein und die Grundschule in Bad Schwalbach.
Heute besucht sie die Gerhard-Hauptmann-Realschule in
Wiesbaden, wo sie in Kürze ihren Realschulabschluss macht.
Anschliessend möchte sie ihren Fachhochschulabschluss in
Richtung Gestaltung für visuelles Marketing machen.
Zu Hause ist sie heute auch wieder, in ihrer Heimat Hessen, in
Wiesbaden.
Ihre Hobbys sind neben Zeichnen noch, Computer und auch
Computerspiele, sowie als Ausgleichssport Skateboard fahren.